Amistad

Julie Murray

Abdo Kids Junior es una
subdivisión de Abdo Kids
abdobooks.com

Abdo
NUESTRA PERSONALIDAD
Kids

abdobooks.com

Published by Abdo Kids, a division of ABDO, P.O. Box 398166, Minneapolis, Minnesota 55439. Copyright © 2021 by Abdo Consulting Group, Inc. International copyrights reserved in all countries. No part of this book may be reproduced in any form without written permission from the publisher. Abdo Kids Junior™ is a trademark and logo of Abdo Kids.

Printed in the United States of America, North Mankato, Minnesota.

102020

012021

Spanish Translator: Maria Puchol

Photo Credits: iStock, Shutterstock

Production Contributors: Teddy Borth, Jennie Forsberg, Grace Hansen

Design Contributors: Christina Doffing, Candice Keimig, Dorothy Toth

Library of Congress Control Number: 2020930690

Publisher's Cataloging-in-Publication Data

Names: Murray, Julie, author.

Title: Amistad/ by Julie Murray

Other title: Friendship. Spanish.

Description: Minneapolis, Minnesota: Abdo Kids, 2021. | Series: Nuestra personalidad | Includes online resources and index.

Identifiers: ISBN 9781098204068 (lib.bdg.) | ISBN 9781098205041 (ebook)

Subjects: LCSH: Friendship--Juvenile literature. | Interpersonal relationships--Juvenile literature. | Feelings--Juvenile literature. | Moral ideas--Juvenile literature. | Spanish language materials--Juvenile literature.

Classification: DDC 177.62--dc23

Contenido

Amistad

La **amistad** se ve por todas partes. ¿La puedes ver?

5

Eric está en el parque.

Juega con Bob.

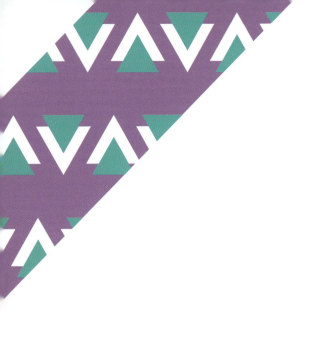

Lucy necesita ayuda en matemáticas. Adam le ayuda.

Grace se está haciendo la **graciosa**. Max se ríe con ella.

Chad está triste.

Tom le escucha.

Eva mete un gol. ¡Su equipo
la carga en hombros!

Leonor se ha caído. Mary

le ayuda a levantarse.

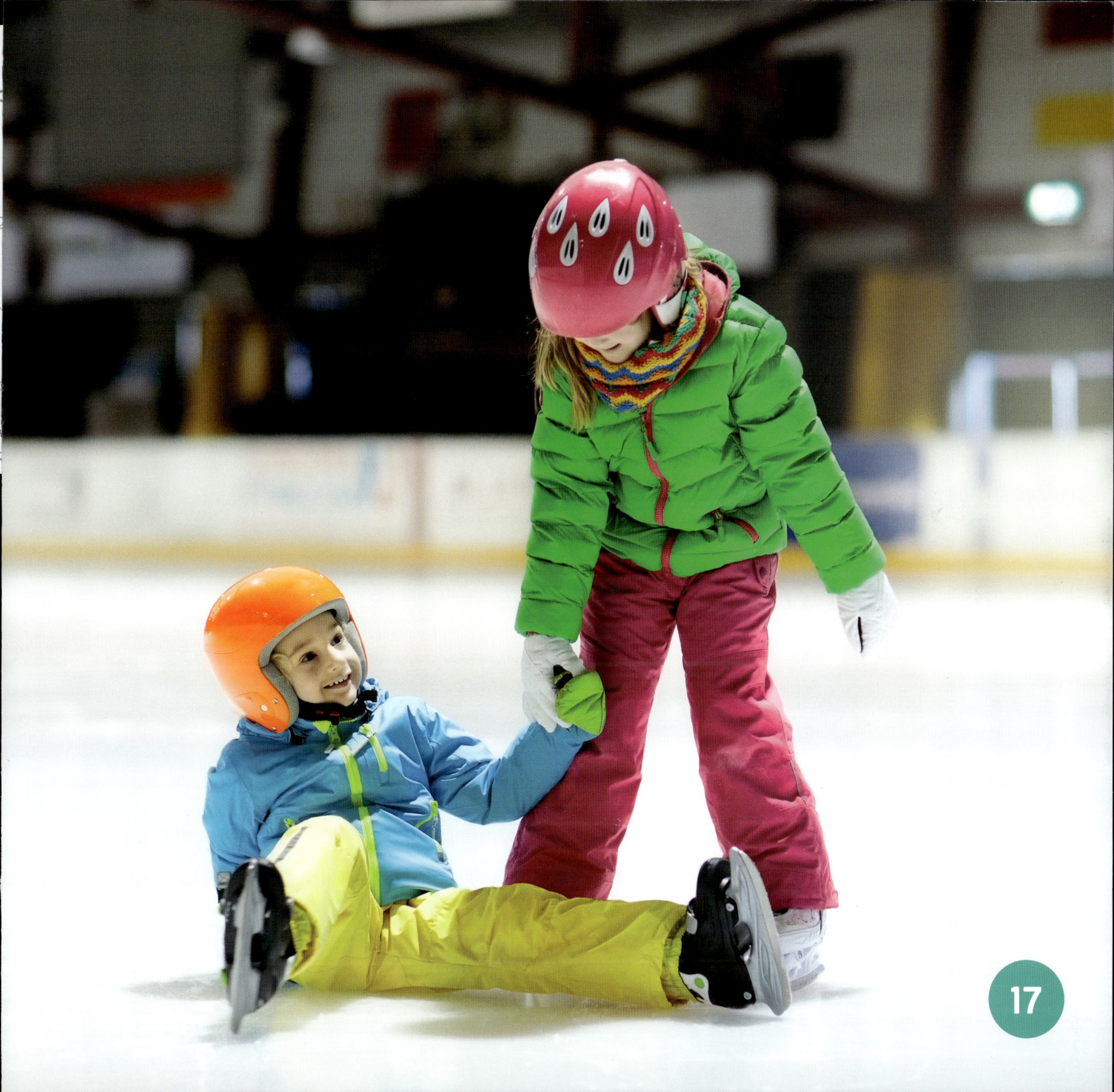

Sue lee un libro. Erin y Jon
se unen a leer con ella.

¿Qué es la **amistad** para ti?

Formas de mostrar amistad

ayudar a los demás

celebrar momentos
con los demás

escuchar a los demás

reír con los demás

Glosario

amistad
relación entre amigos.

graciosa
boba y poco seria.

Índice

Abdo Kids ONLINE
FREE! ONLINE MULTIMEDIA RESOURCES

¡Visita nuestra página **abdokids.com** y usa este código para tener acceso a juegos, manualidades, videos y mucho más!

Los recursos de internet están en inglés.

Usa este código Abdo Kids

CFK8671

¡o escanea este código QR!